Georg Blattmann

Vom Leben der Verstorbenen

Vorträge
15

Georg Blattmann

Vom Leben der Verstorbenen

Urachhaus

2. Auflage 1983

Gesamtherstellung Greiserdruck Rastatt
ISBN 3 87838 211 1

Liebe Zuhörer!

Wenn wir uns heute das Thema »Vom Leben der Verstorbenen« vornehmen, so sind wir uns darüber klar, daß ein großer Teil unserer Mitmenschen gar nichts von dieser anderen Seite der Welt hält. Wir leben heute in einer Zeit, in der man sich die Meinung angewöhnt hat: So etwas wie ein Leben der Verstorbenen oder eine jenseitige Welt gibt es nicht. Einen ganzen Abend anzusetzen, um sich darüber zu besprechen, würden viele gewiß für sinnlos halten, jedenfalls aber belächeln. Das ist der Hintergrund.
Ich selbst denke, indem ich mir dieser Sachlage bewußt bin, darüber im Sinne des alten Liederverses

»Seht ihr den Mond dort stehen?
Er ist nur halb zu sehen
und ist doch rund und schön.
So sind gar manche Sachen,
die wir getrost belachen,
weil unsere Augen sie nicht sehn.«

Vielleicht darf ich mit einem anderen Beispiel dies noch klarer machen. Manche von Ihnen kennen wohl meine kleine Schrift über die *Kometen*[1]. Sie werden sich erinnern, daß die Kometen nur auf einem Teil ihrer Bahn sichtbar sind. Der größere Teil liegt weit »dahinten«, im unsichtbaren Jenseitigen. Und es hat noch niemals einen Menschen gegeben auf dieser Erde, keinen Forscher oder Beobachter, der einen Kometen seine ganze Bahn hätte vollenden sehen. Trotzdem macht es uns gar keine Schwierigkeiten, anzunehmen, daß ein derartiges Ge-

1 »Das Rätsel der Kometen«, Verlag Urachhaus, Stuttgart, 2. Aufl. 1975.

stirn wirklich die unsichtbare Hälfte seines Weges auch durchläuft, und wir sprechen mit vollkommener Natürlichkeit davon, daß der Komet verschwindet und dann nach einiger Zeit wiederkommt. So könnte man über das menschliche Leben auch sprechen, wenn man nur die gleiche Natürlichkeit und den gleichen Mut aufbringen würde. Wir sind eben da durch unsere Zeitverhältnisse etwas vorsichtig, zu vorsichtig geworden.

Heute wollen wir uns aber die Zeit nehmen, von dieser anderen Welt zu sprechen. Und zwar so, daß wir nun nicht in einseitiger Weise von einem Jenseits reden; vielmehr wollen wir ins Auge fassen, wie *gemeinsames Leben von Lebenden und Verstorbenen*, von Verkörperten und Entkörperten sich ausbilden kann. Da gibt es freilich eine ganze Menge zu sagen. Und ich möchte heute Ihren Blick in verschiedene Richtungen lenken, um immer neue Aspekte dieses Themas wahrzunehmen.

*

Zunächst darf ich mit der einfachen Feststellung beginnen: So schwierig ist es heute gar nicht, etwas über die andere Seite der Welt zu erfahren, etwas vom Leben der Verstorbenen zu erkunden! Vielleicht ist es Ihnen ebenso ergangen wie mir, daß Sie in Buchauslagen manchmal gleich mehrere Titel dieses Themas in einem Schaufenster gefunden haben. Im Verlauf der letzten Jahre wurde es mehr und mehr modern, sich mit dem Leben nach dem Tode zu beschäftigen. Wenn Sie dem einmal nachgehen, was es da alles gibt, so finden Sie eine ganze Fülle vor, angefangen von den alten Totenbüchern, die heute nach gründlicher Erforschung neu herausgegeben werden, etwa das Ägyptische Totenbuch oder das Tibetanische Totenbuch, in denen man die unwahrscheinlichsten Einzelheiten geschildert findet über das, was die Menschen früherer Zeiten vom Leben nach dem Tode wußten. Aber man kann auch dazurechnen zum Beispiel Dantes »Göttliche Komödie«, die einen grandiosen Abriß gibt von dem Weg, den die Menschenseele nach dem Tode durchläuft. Oder nehmen Sie wiederum etwas ganz anderes: Novalis' »Hymnen an die Nacht«. Neben dieser mehr älteren und klassischen Literatur finden Sie ein Werk stehen, das vor einiger Zeit als eine Art Bestseller durch die Welt gegangen ist: Arthur Fords »Bericht vom Leben nach dem Tode«. Oder die Bändchen mit dem Titel »Brücke über den Strom«, sowie das seltsame Buch vom Reich der Verstorbenen: »Geborgenheit«, und das etwas dubiose aber interessante »Leben nach dem Leben« von Thorwald Dethlefsen[2]. Ich nenne das jetzt so kunterbunt, nur um Ihnen zu zeigen, was alles vorhanden ist.

Dann stoßen Sie allerdings auf eine ganze Gruppe von Darstellungen, die nun ganz anderer Art sind. Man merkt es sofort, wenn man als Leser eintritt in diese Welt, daß diese Gruppe, die ich jetzt im Auge habe, ganz andere Anforderungen stellt an denjenigen, der sich damit beschäftigt, Anforderungen an innerer Aktivität, an innerer Mitbeteiligung. Es sind die Darstellungen, die aus der Anthroposophie hervorgegangen sind. Es liegen zunächst einmal fast ungezählte Äußerungen von Rudolf Steiner vor, die in einem gewaltigen Vortragswerk verstreut sind; man gewinnt deshalb nicht leicht einen Überblick. Aber es gibt auch systematische Zusammenfassungen von Schülern Rudolf Steiners. Dabei kann man etwa denken an das schöne Buch »Vom Schicksal der Toten« von Rudolf Meyer, oder an das Buch von Friedrich Huse-

---

2 Vgl. den »Offenen Brief« an den Verfasser in »Die Christengemeinschaft«, Heft 8/1976.

mann »Vom Bild und Sinn des Todes« und das sehr hübsche Schriftchen »Der Tod« von Heinrich Frieling. Weiter gibt es eine ganze Reihe von Büchern von Professor Otto Julius Hartmann. Und endlich möchte ich besonders hinweisen auf das grundlegende Werk »Christentum und Wiederverkörperung« von Rudolf Frieling und den schon länger vorliegenden Band von Emil Bock »Wiederholte Erdenleben. Die Wiederverkörperungsidee in der deutschen Geistesgeschichte«, der eine hochinteressante Sammlung darstellt, in der zusammengetragen ist, was alles geäußert worden ist von verschiedenen bekannten und weniger bekannten Menschen über die Idee der wiederholten Erdenleben.

Sie sehen an dem, was ich aufgezählt habe, was aber nur beispielsweise dastehen soll für eine größere Fülle[3], daß es außerordentlich viel zu studieren gibt. Wenn man sich darauf einlassen will, dem allem nachzugehen, könnte man sich in der Gefahr finden, den Boden unter den Füßen zu verlieren, so reich quillt einem in vielfachem Schillern die Überfülle leuchtender Offenbarung entgegen. Ich möchte sagen, es ist so, wie wenn man eines frühen Morgens ausgegangen ist, der Sonne entgegen. Man hat vielleicht eine Anhöhe erstiegen, wo man einen weiten Ausblick hat nach *Osten* zu. Nun tritt auf einmal das Tagesgestirn hervor in seiner ganzen Leuchtkraft, mit dem Farbenspektrum, das den Aufgang begleitet. In dem Moment, da die Sonnenscheibe sich über die Horizontlinie erhebt, wird man überströmt und auf der Woge der Lichter emporgehoben. Man schwindelt, man ist geblendet ... »Ex oriente lux!« Um sich zu halten im Wellenspiel des Lichtozeans, ist man gezwungen, sich

---

3 Einen guten Überblick vermittelt Johannes Hemlebens Buch »Jenseits« in Text und Literaturverzeichnis (Rowohlt-Verlag 1975).

abzuwenden von der Quelle des Glanzes – wie Faust (im ersten Bild des zweiten Teiles von Goethes Dichtung), der auf der Bergalm den Sonnenaufgang erlebt, vom »Flammenübermaß« getroffen, sich abwenden muß. »Wir stehn betroffen«, heißt es da. Ebenso »betroffen« können wir uns fühlen, wenn wir Ausschau halten, welche erleuchtenden Offenbarungen uns heute entgegenkommen über die Welt der Verstorbenen.

*

Osten ist aber nur *eine* von vier Himmelsrichtungen. Wir gewinnen nicht eher ein vollständiges, reales Bild von einer Landschaft, als bis wir nach allen möglichen Seiten hin Einblick und Überblick genommen haben. Und nicht anders als im gewöhnlichen Leben ist es im geistigen Bereich. Kenntnisse und Erkenntnisse aufnehmen, die sich in reicher Fülle anbieten – das würde, geistig gesehen, einem Ausschauen »nach Osten« entsprechen –, ist ein Anfang; doch dürfen wir beileibe nicht dabei stehenbleiben, wenn wir lebensvoll »ins andere Land« eindringen wollen. Wir müssen dem Blick gen Aufgang, auch innerlich-geistig, die Hinwendung zu den drei anderen Raumesrichtungen folgen lassen, wenn anders wir ein reales und sicheres Verhältnis zu unserem Umraum erlangen wollen. Und so möchte ich Sie in einem zweiten Anlauf dazu führen, mit mir die »faustische« Umwendung nach dem inneren *Westen* zu vollziehen. Wir müssen, um uns als Menschen in unserem Eigensein zu behaupten, um unseren Standort zu finden innerhalb der Mannigfaltigkeit der Farben und Lichter, uns besinnen auf das eigene Tätigsein, auf die Kraft, die von innen her der äußeren Offenbarung entgegentritt, die verarbeiten und bewältigen kann. Das heißt innerlich nach Westen blicken – so wie das in einem geheimnisvollen Satz aus der »Novelle« von Goethe gesagt ist: »Du schaust nach Abend, rief die Frau, du tust wohl daran, dort gibt's viel zu tun; eile nur, säume nicht, du wirst überwinden. Aber zuerst überwinde dich selbst.« Man weiß eigentlich gar nicht, warum dieser Satz dort steht, wo er vorkommt in der Goetheschen Novelle. Aber für das, was wir heute hier miteinander erarbeiten wollen, ist er ein echtes Motto, das die Quintessenz des folgenden Wegstückes in sich enthält.

Wer nach Westen schaut, sieht die Sonne untersinken. Er sieht im Ablauf eines Tages dasselbe, was wir alle miterleben im Ablauf des Jahres, wenn es Herbst wird. Dann fällt alles nach unten. Die Blätter welken, Pflanzenstengel knicken um, alles sinkt. »Wir alle fallen«, sagt Rilke in seinem wunderbaren Herbstgedicht, »diese Hand da fällt, / und sieh dir andre an, es ist in allen.«

Dieses Herbsterlebnis ist etwas, was die Menschen früherer Zeiten ungeheuer ergriffen hat. Auch uns heutigen Menschen kann es intensive Erlebnisse vermitteln in jedem Jahr, wenn wir das Sterben der Natur miterleben. Es wird uns dabei klar, daß Sterben überhaupt ein herbstlicher Vorgang ist. Auch das menschliche Sterben ist so etwas wie Herbst, und daher ist es auch herb, das Sterben. Aber auf der anderen Seite ist ja der Herbst nicht nur die Zeit des Welkens und Fallens, sondern auch die Zeit der Ernte, die Zeit der Früchte. Und es ist etwas wahrhaft Wunderbares, wenn man einmal durch die herbstliche Welt geht – die Blätter sind schon vergilbt, zum großen Teil zu Boden gefallen –, und man sieht dann hier und dort in den kahlen Ästen der Bäume goldene Früchte. Dann kommt einem die Doppelnatur des Todes zum Bewußtsein. Dieses zwiegesichtige Wesen, das mitten im Absterben, mitten im Niedergang eine Feier vor unseren Augen hält, die Feier des Sammelns, der Ernte. Es erhebt sich nur die Frage: Wie ist es beim Menschen mit den Früchten? Die Natur zaubert uns das einfach so vors Auge Jahr für Jahr, wie die Früchte herausgesammelt werden aus dem Untergang der kreatürlichen Welt. Aber wie ist es mit den Früchten des Menschenlebens?

Da möchte ich für einen Augenblick mit Ihnen im ganz äußerlichen Sinne nach Westen schauen, und zwar weit in den fernen Westen, wo die indianischen Völker leben. Sie haben sicher alle in Ihrer Jugend oder auch später Indianergeschichten gelesen und waren dabei beeindruckt, oder vielleicht sogar schockiert, von den Schilderungen, die man da zuweilen antrifft, über die Folterungen, welche die Indianer an ihren Gefangenen durchgeführt haben. Nun muß man da sehr vorsichtig sein und darf nicht vorschnell mit unserem mitteleuropäischen Gefühl und Empfinden ein Urteil sich erlauben über das, was Völker, die von so ganz anderer Wesensart sind, tun oder lassen.

Sehen Sie, wenn die Indianer Feinde gefoltert haben, dann haben sie daran etwas ganz anderes erlebt, als wir fühlen, wenn wir eine solche Schilderung lesen. Denn wenn der Gefangene an den Marterpfahl gestellt und angebunden und dann durch irgendwelche Manipulationen, die wir als unheimlich grausam bezeichnen würden, langsam schrittweise zu Tode gebracht wurde, dann hatten daran alle die Beteiligten, sowohl die Zuschauenden als auch derjenige, der die Folter erlitt, ein ganz ungeheures Erlebnis. Was war dieses Erlebnis? Es liegt darin, daß man einen Menschen – und es war der Stolz und der Ehrgeiz eines jeden echten Indianers, dies zu beweisen – aufrecht stehen sieht in der tödlichen Pein der Folterung; daß man an demjenigen, der die grausame

Marter besteht, anschauen kann, wie sich dem Niedergang des Äußeren, dem Zusammenbruch der physischen Körperlichkeit, der Geist, die Seele des Menschen siegreich entringt. Sie müssen sich vorstellen, daß die Indianer, die so etwas miterlebt haben, davon den allergrößten, ich möchte sagen, wenn Sie mich recht verstehen wollen, den allerfeierlichsten Eindruck hatten. Wir dürfen dies wirklich nicht mit unseren Maßstäben von heute und von Mitteleuropa messen. Der allerfeierlichste, großartigste Eindruck von Menschenwürde ging über auf die Seelen derer, die dabei waren, und erfüllte auch die Seele dessen, der die Prüfung durchstand, bei der er zeigen konnte, daß der Menschengeist nicht betroffen ist, wenn ihm seine Hüllen nach und nach abgezwungen werden, abgefoltert werden, sondern sich in einem triumphalen Sieg über den Niedergang der Materie erhebt.

Ich erzähle Ihnen von diesen Dingen natürlich nicht deshalb, weil ich meinte, daß darin irgend etwas für uns heute Beispielhaftes liegen könnte. Die Zeiten, in denen so etwas gemacht werden konnte, sind selbstverständlich vorüber; denn das waren die Zeiten der alten Götter, die Zeiten der Götter, die gewalttätig über ihre Menschheit herrschten. Wir leben heute in einem ganz anderen Zeitalter. Aber die Frage, die den Völkern der alten Zeit auf der Seele brannte, die durch solche Versuche das Wesen des Menschen erprobten, die Frage besteht heute immer noch: Man möchte ansichtig werden des siegreich triumphierenden Menschengeistes, der sich dem körperlichen Zerfall entwindet. Und diese Frage kann auch heute beantwortet werden, wenngleich in einer ganz anderen Weise als früher. Ich möchte sagen, in einer Weise der sanften Gewalt, die heute zeitgemäß ist, weil sie von den neuen Göttern ausgeht – oder sagen wir es direkt: weil sie von Christus ausgeht, dem Wesen, das in unserer neuen Zeit die Gottesbeziehung der Menschheit herstellt und garantiert.

Wenn wir heute einen Sterbenden vor uns haben, so ist es oft so, daß er Angstperioden durchlitten hat. Wer würde schon unter uns sein, der nicht in irgendeinem Winkel seiner Seele Furcht vor dem Tode empfände als vor dem großen Unbekannten, vor dem Schwellenübergang in eine andere Welt hinein, von der man noch nicht weiß, wie es darin sein wird. Wenn wir einen solchen Sterbenden vor uns haben, durch dessen Seele Angst- und Furchtgefühle gezogen sind und immer noch ziehen, ihn innerlich erbeben machen, und wir möchten diesem Sterbenden in der Krise eine Hilfe geben, dann haben wir dazu ein wunderbares Hilfsmittel in der Hand. Wir bringen den Sterbenden dann in Berührung mit etwas, was aus dem herbstlichen Fruchtbildungsprozeß der Natur hervorgegangen ist. Die edelste Substanz, die den Früchten entstammt, ist das Öl. Viele Früchte tragen das Öl in einer ganz deutlichen Form in sich, andere Früchte in einer nur andeutungsweisen Art. Das Öl ist die Substanz, welche die Sonnenwärme, die das Jahr über gewirkt hat in der Pflanzenreifung, sozusagen in sich gesammelt hat. Es trägt die ganze Wärme und Güte der Sonnenreifungsmacht in sich. Das geht ja auch hervor aus der Art, wie man das Öl gebraucht. Sie wissen, daß Öl eine wunderbar wärmende, hüllende Kraft besitzt. Wenn es einem einmal recht unbehaglich kalt geworden ist an einem unfreundlichen Tag oder wenn man zu Hause nicht genug Heizmaterial hat – mancher, der hier sitzt, hat das ja erlebt in den Jahren, in denen man die einzelnen Briketts fast mit Gold aufwiegen wollte, wenn man sie überhaupt bekam –, wenn man also sich so recht ungemütlich fühlt in einer kalten Stube, dann kann man sich dadurch recht gut helfen, daß man sich einreibt mit Öl. Das Öl bildet einen zarten, wärmenden Schutzfilm um den Menschen herum, der ihn behütet, der ihn gewissermaßen zusammenhält, daß er nicht im Frieren sich verliert. Das Öl hat wirklich die gesammelte Sonnenkraft eines Jahres in sich als Fruchtsubstanz.

Und wenn wir das Öl geweiht in der Gestalt des Sakramentes an einen Sterbenden heranbringen, ihn damit berühren, dann geht durch diese sakramentale Handlung eine Kraft auf den Sterbenden über, die ihm hilft – mit sanfter Gewalt, wenn ich so sagen darf – die Krise zu bestehen, durch die der Leib entfällt, und sich mit dem geistig-seelischen Wesen siegreich dem Körperzerfall zu entheben. Da kann es dann sein, daß in einem solchen Sterbezimmer, in dem vorher die Furchtgefühle vibriert haben, auch bei den Angehörigen vielleicht, plötzlich eine große Ruhe eintritt, eine Wärme, die ausstrahlt auf alle, die daran Anteil haben – so wie am Abend nach einem Sonnentag, wenn der rotglühende Ball im Westen niedersinkt, die gesättigte Ruhe des reifen Zeitabschnittes sich ausbreitet.

Man kann vielleicht diese Stimmung am besten nachfühlen, wenn man sich vergegenwärtigt, wie Dichter solche Herbstsituationen auszusprechen versucht haben, etwa Hebbel in seinem wunderbaren Herbsttag-Gedicht:

»Dies ist ein Herbsttag, wie ich keinen sah!
Die Luft ist still, als atmete man kaum,
Und dennoch fallen raschelnd, fern und nah,
Die schönsten Früchte ab von jedem Baum.«

»O stört sie nicht, die Feier der Natur! ...« – so fährt dann die zweite Strophe fort.

Wir können auch durch den Sinn ziehen fühlen eine

Strophe von Morgenstern, aus einem Herbstgedicht, wo es heißt:

»... Bis du eines Tages jenen
reifen Duft der Körner spürest
und dich aufmachst und die Ernte
in die tiefen Speicher führest.«

Etwas von dieser Art der inneren Stimmung breitet sich dort aus, wo das Sakrament der Letzten Ölung die Sterbehilfe spenden kann. Es ist etwas außerordentlich Tröstliches, Hilfreiches.

Die Frage nach dem Ergehen der Verstorbenen, nach dem Weiterleben über den Tod hinaus ist ja nicht eine literarische Frage, eine Buchstabenfrage, die man studieren kann oder nicht studieren; es ist uns ja nicht freigestellt, wie wir uns dazu verhalten. Diese Frage ist eine, die uns alle, wie wir hier sitzen, hautnah betrifft. Es ist jedes einzelnen eigene Frage. Und deshalb genügt es nicht, einen Literaturüberblick zu geben, womit ich angefangen habe, und daraufhin ein Bücherstudium zu beginnen; vielmehr habe ich Sie deshalb aufgefordert, diese Wendung auf das Eigene zu vollziehen, den Sterbevorgang selber ins Auge zu fassen und die Frage, wodurch eine Hilfe gegeben werden kann für den Menschen, der diesen Fragen lebensmäßig gegenübergestellt ist.

Sie sehen ganz deutlich, das Sterben hat zwei Aspekte. Auf der einen Seite ist es natürlich ein Verlust. Wir müssen lassen von einem Leib, den wir an uns getragen haben, vielleicht ein langes Leben lang, wir müssen uns trennen von dieser körperlichen Existenz, mit der wir uns so sehr identifizieren, daß wir einfach gewöhnt sind, zu sagen »ich« und damit unseren Leib zu meinen. Wir sagen: »Ich sitze auf einem Stuhl.« Was da sitzt, ist mein Leib; aber wir identifizieren unser Ich-Bewußtsein mit dem Bewußtsein dieses Leibes. Und insofern ist allerdings das Sterben ein ganz gewaltig einschneidender Verlust. Wir müssen uns trennen von dieser Existenz, mit der wir uns viele Jahrzehnte vielleicht verbunden gefühlt haben oder – es kann auch so sein, wenn einer jung stirbt – die wir so kurz erst ausprobiert haben, daß es um so schmerzlicher ist, schon wieder Abschied nehmen zu müssen. Das ist die eine Seite. – Die andere Seite aber – das ist uns klar geworden an der Betrachtung der Herbstvorgänge – ist ein Gewinn: insofern das Sterben das Einsammeln der Lebensfrüchte bedeutet. Da kommt noch einmal alles herauf, was dieses Leben gewesen ist; der Extrakt, die Süßigkeit, der reife Duft wird hinübergetragen. Und es dürfte uns jetzt nicht schwerfallen nach dem Besprochenen, uns vorzustellen, daß von der anderen Seite her gesehen, vom jenseitigen Land her der Tod einen ganz anderen Anblick bietet. Nicht den des Verlustes, des Niederstürzens, sondern den des Triumphes, des Aufleuchtens im Geiste. Von der andern Seite her gesehen ist der Tod das grandioseste, das zusammenfassendste, das erhabenste Erlebnis unseres gesamten menschlichen Lebens überhaupt.

*

Die Umkehrung der Verhältnisse, die uns hier deutlich geworden ist, ist entscheidend für das Folgende. Stellen wir sie uns in aller Deutlichkeit vor die Seele, so bemerken wir, daß wir mit der Betrachtung der Todesfragen bereits in eine neue Dimension gelangen. Ging es bisher um das innere Ringen mit der Niedergangsgewalt, so sehen wir uns jetzt – jenseits der kritischen Schwelle – vom umfassenden Leuchten der Sonne, die im Totenreich strahlt, umglänzt. Der Tod als Fest! Das aber heißt: Wir

blicken für das Folgende in die geistige Richtung des *Südens.*
Die Sonne steht hoch im Zenit. Lichtmächtig gießt sie ihre belebende Kraft aus über alles Sein. Geben wir uns dem gewaltigen Eindruck hin, so wird unser eigenes Sein und Schaffen und Schauen von einer wundersamen Verwandlungsmacht ergriffen. Aus Tod wird Leben, aus Vernichtung wahres Sich-Finden, aus Abschied ein neues Beginnen. Wie sieht das im einzelnen aus?
Wenn wir einen Menschen, der verstorben ist, bestatten, dann ist das, was da vorgenommen wird als Bestattungsfeier, als Bestattungskultus, auf der einen Seite natürlich ein Abschiednehmen; auf der anderen Seite schließt es uns etwas Zukünftig-Neues auf. Das Abschiednehmen an sich ist ja etwas Wichtiges. Ich bin einmal Menschen begegnet, die hatten die Sitte sich nicht zu verabschieden. Also, wenn man eine Zeitlang bei ihnen zu Besuch gewesen war und man ging dann weg, so haben sie um die Stunde, wo die Abreise geplant war, sich in ihr Zimmer eingeschlossen, um sich dem nicht aussetzen zu müssen, was eben an Gefühlen auftaucht in der Seele, wenn ein Abschied genommen wird. Aber Sie sehen sofort an diesem Beispiel, daß es eigentlich nicht angeht, sich so zu verhalten. Ganz entsprechend begegnet man bei manchen Menschen dem Wunsch – den ich für genauso verfehlt halte –, die Bestattung eines Lieben »in aller Stille«, wie man dann so sagt oder in die Todesanzeige schreibt, also nur im Beisein der allernächsten Angehörigen abzuhalten. Hat man in solchen Fällen nicht stets ein leises ungemütliches Gefühl, so als sei etwas nicht ganz in Ordnung, als dürfe das eigentlich nicht sein?
Abschiednehmen ist doch ein enorm wichtiger sozialer Vorgang. Im Verabschieden müssen wir zum Ausdruck bringen, was in unserer Seele lebt, wenn wir auseinander-

gehen. Und in diesem Sinne sollte eine Bestattung vollzogen werden im größtmöglichen Kreis von anteilnehmenden Menschen. Alle Menschen, die mit dem Verstorbenen verbunden waren in irgendeiner Weise, soweit sie es nur irgendwie möglich machen können, sollten dabei sein, wenn Abschied genommen wird. Und es sollte in einer Ansprache, rückblickend und zusammenfassend, das Bild des Lebens noch einmal vor aller Augen gerufen, die Rune der Biographie angeschaut und zu deuten versucht werden. Das ist aber nur die eine Seite, das Abschiednehmen.

Die andere Seite ist, daß das Bestattungsritual, also das Feiern dieses Übergangs, zu gleicher Zeit die Spiegelung einer Begrüßungsfeierlichkeit ist. Denn der Verstorbene tritt nun hinüber in eine andere Sphäre, in eine andere Region, und sein Ankommen dort gleicht einer Geburt. »Wenn der Mensch stirbt, wird er Geist«, sagt Novalis. Und wir können empfinden, wenn wir eine Bestattung feiern, so spiegelt sich darin etwas von der Freude, mit der der Verstorbene in der jenseitigen Welt bewillkommnet wird.

Für eine solche Feier ist zweierlei notwendig und richtig. Zum einen versuchen wir Hinterbliebenen, dem Vorgang, der sich vollzieht, innerlich bewußtseinsmäßig nachzukommen, indem wir mit unseren Gedanken und Empfindungen, mit unseren erinnernden Gefühlen, uns miterheben in die andere Region, in welche die Seele des Sterbenden jetzt eintritt. Wir erheben unsere Seele zu dem Ort, wohin jetzt der Sterbende geht, während sein Leib den Elementen überantwortet wird. Wenn man dieses Erheben der Gedanken und Gefühle in ein Bild bringen will, das unmittelbar zu jedem spricht, das nicht erklärt zu werden braucht, weil jeder mit Augen sieht, was es sagen will, so läßt man Rauch aufsteigen. Rauchgewölk, das sich erhebt, zeigt an: Hier geht alles nach oben; alles, was an inneren Empfindungen, Gefühlen, alles, was an Gedanken da ist, an liebendem Nachschauen, es richtet sich nach oben, es strömt der Welt zu, in die der Verstorbene jetzt eingeht. Wir brauchen also zu der Bestattung Weihrauch. (Ich spreche jetzt von der Bestattung, wie sie die Christengemeinschaft hält, weil ich Sie bekanntmachen will mit den neuen Möglichkeiten, die wir in unserer christlichen Bewegung haben, um solche Vorgänge zu begleiten.)

Das zweite, das noch dazugehört, möchte ich nun folgendermaßen deutlich machen: Man sollte sich eigentlich – ich hoffe, daß Sie mich da richtig verstehen – keine Bestattung, an der man teilnehmen kann, entgehen lassen als lebender Mensch; und zwar nicht nur, soweit es sich um Angehörige oder Bekannte handelt, sondern ganz allgemein. Sehen Sie, es ist ja auch jederzeit für jeden Menschen eine Freude, wenn er miterleben kann, wie ein Kind getauft wird. Es ist ganz gleichgültig, in welchem Verhältnis dieses Kind zu mir steht. Ich werde doch einfach mit Freude wahrnehmen, was geschieht, wenn ich die Gelegenheit habe, der Taufe beizuwohnen. Es ist etwas Wunderbares, wenn ein eben geborenes Kind durch die Taufhandlung hier als Erdenmensch im Kreise unserer Menschengesellschaft begrüßt wird. Und so ist es auf der anderen Seite auch mit dem Abschiednehmen von einem Menschen. Man sollte zu Bestattungen hingehen, so oft man dies nur möglich machen kann. Wer diese Erfahrung gemacht hat, wer öfters Bestattungen beigewohnt hat in der Art, wie ich sie jetzt im Sinne habe, der wird bestätigen, daß in dem Miterleben solcher Handlungen für den Menschen ein inneres Gefühl, ein inneres Gespür aufgeht. Ich möchte sagen: Ein Auge schließt sich auf für die Realität des Weiterlebens der Seele nach dem

Tode. Dieses Auge, das sich da auftut, es kann vielleicht nach kurzer Zeit wieder zugehen. Vielleicht schon, wenn die Orgel am Schluß spielt, und dann noch einmal die Tränen kommen; oder wenn man nach Hause kommt und wieder in das tägliche Leben mit seiner Unrast und seiner Aufgabenfülle untertaucht, dann geht dieses Auge wieder zu. Aber gerade deswegen sage ich, man sollte keine Gelegenheit verstreichen lassen, um solche Momente immer wieder zu suchen, wo wieder die Möglichkeit da ist, daß dieses Auge sich auftut. Wenn es wieder und wieder sich geöffnet hat, dann wird es mit der Zeit auch in den Zwischenräumen ein wenig wachzubleiben lernen, eine Spur von Helligkeit in sich zu bewahren.

Dieses Aufgehen von Augen in unseren Seelen, wenn wir einer Bestattungsgemeinde angehören, verbildlicht sich wiederum in einer Handlung, die vorgenommen wird bei der Bestattung, die wiederum für sich spricht, die man eigentlich nicht zu erklären braucht. Es wird Weihwasser versprüht, und die funkelnden Perlen fallen auf den Sarg und auf die Blumen und, wenn der Sarg noch offen ist, auf den Leib des Verstorbenen. In jeder einzelnen Wassertauperle spiegelt sich die ganze umgebende Welt. Das ist das Wunderbare eines Wassertröpfchens, daß es die Fähigkeit hat, die ganze große Welt im Kleinen zu spiegeln: wie ein kristallklares kleines Auge, das die Welt wahrnimmt. Und so wird im Versprühen von Weihwasser etwas ersichtlich, was in Wirklichkeit in unseren eigenen Seelen vorgeht: daß nämlich da solche zarten Wahrnehmungsorgane sich öffnen für die Realität der Welt, in die der Verstorbene eintritt.

Im Vertrauen auf diese Augen-»Keime« sollten wir uns so einstellen, wie es der Vater von Jacques Lusseyran seinem achtjährigen Sohn nahelegte, als dieser das Augenlicht verlor. Der Vater war ein weiser Mann. Er bedauerte das Kind nicht, sondern gab ihm auf: Sag es jedesmal, wenn du etwas Neues entdeckst. Und der Sohn dankte es ihm lebenslang, daß er ihn so von Anfang an zu der Aktivität angespornt hatte, sich neue Wahrnehmungsmöglichkeiten zu erschließen.

Mit den zarten neuen Augen, die sich in die Geisteshelle des Totenreiches hineintasten, gibt es mancherlei zu »entdecken«. Freilich ist es zunächst schmerzlich, zu bemerken, wie sehr uns eigentlich der Verstorbene fehlt und wo er uns überall fehlt. Wenn wir von der Bestattung nach Hause zurückkehren, empfinden wir erst so recht, was alles leer geworden ist durch sein Weggehen. Wir fühlen deutlich den Platz, den er vorher ausgefüllt hat, weil dieser Platz jetzt gleichsam wie eine Aussparung in uns oder unter uns ist. Aber indem wir das recht aufmerksam in unser Bewußtsein eindringen lassen und uns dem nicht entziehen und die Gefühle, die da auftauchen wollen, nicht betäuben durch irgendeine Geschäftigkeit, können wir uns klarmachen, daß wir damit eben das wahrnehmen, was der Verstorbene selber jetzt wahrnimmt, nach dem Tode.

Denn wenn er zurückschaut auf sein Leben, so wird er gerade jetzt mit der rechten Deutlichkeit vor sich sehen, was er eigentlich gewesen ist – und damit, was er in Wahrheit ist –, welchen Platz in der Welt er ausgefüllt hat, der jetzt zunächst offen steht, äußerlich. Sie können sich am besten vorstellen, was ich meine, wenn Sie sich einmal einen Musiker denken, der in einem Orchester mitspielt. Er spielt ein bestimmtes Instrument – und dann tritt er für eine gewisse Zeit aus dem Orchester heraus und hört sich die Symphonie, die da gespielt wird, an, wie sie klingt, ohne daß er mitspielt. Er erlebt, wie der Zusammenklang der Instrumente sich anhört ohne dieses eine, das er gespielt hat. In diesem Augenblick wird er erst ermessen, was eigentlich die Bedeutung seines Instrumentes in dem symphonischen Zusammenklang ist. Erst jetzt weiß er, was eine Klarinette, was eine Bratsche, was eine Baßgeige sein kann, wenn er sozusagen den klanglichen Hohlraum wahrnimmt, der dadurch entsteht, daß diese eine Klangfarbe fehlt. So bemerkt der Verstorbene im Rückblick auf sein Leben – und wir bemerken es mit, indem wir dem nachgehen innerlich –, was eigentlich sein Wesen ist.

Diese Tatsache, verehrte Zuhörer, fordert uns etwas ab: nämlich, daß wir uns einmal gründlich damit beschäftigen, was Hohlformen sind in der Welt. Wenn wir das fertigbringen, entdecken wir etwas wirklich Neues. Gewöhnlich sehen wir ja nur ausgefüllte Formen, wir sehen uns gegenseitig als die volle Menschenfigur, wir sehen Gegenstände irgendwelcher Art und Ausgestaltung. Es sind volle, ausgefüllte Gebilde. Aber es gibt auch eine Welt der Hohlformen, eine Welt der Leerräume, der Aussparungen. Und wenn wir uns mit ihr beschäftigen, dann bilden wir uns die Vorstellungen aus, die inneren Fähigkeiten, die notwendig sind, um etwas zu begreifen von der Welt, in der die Verstorbenen nach dem Tode weilen.

Nun ist es wirklich interessant, daß für die Ausbildung solcher Vorstellungen ganz umfangreiche Vorarbeiten geleistet worden sind von einer Gruppe von Menschen, von der man es gar nicht erwarten würde, Menschen, die selbst noch nicht einmal wissen, was sie in dieser Hinsicht geleistet haben, nämlich von den sogenannten exakten Wissenschaftlern. Forschungen auf dem Gebiet der Mathematik und Physik haben eine ganze Welt von Vorstellungen zutage gebracht, die sich vielleicht am kürzesten charakterisieren lassen durch ein Wort, das in der letzten Zeit in Veröffentlichungen immer mehr und mehr auftaucht, und das ist das Wort »Antiwelt« oder »Gegenwelt« oder »Gegenraum«. Schon seit dem Anfang des letzten Jahrhunderts waren die Mathematiker daran, diesen Bereich von Vorstellungen aufzutun, die sich darauf beziehen, daß nicht nur voll ausgefüllte Gegenstände, sondern auch Hohlräume zum Gegenstand der Forschung gemacht werden können, und daß diese ebenso wichtig und wesentlich sind für den Bestand der Welt wie das, was wir gemeinhin als die Wirklichkeit ansehen. Es lohnt sich tatsächlich, sich mit diesen Dingen zu beschäftigen. Und es ist fast dasselbe – das, was ich jetzt sage, wird Sie vielleicht sehr überraschen –, wie wenn man sich mit Sonnenforschung beschäftigt! Sonnenforschung beruht nämlich, wie gerade durch die jüngsten Forschungen immer mehr bestätigt wird, in ihrem Kern darauf, daß wir Vorstellungen entwickeln müssen, wenn wir die Sonne begreifen wollen, mit denen man die Eigenschaften von Hohlräumen beschreiben kann. Nun, das klingt vielleicht etwas merkwürdig und abstrakt, wenn ich Ihnen das so kurz nur sage. Ich kann aber heute nicht mehr geben als nur eine Andeutung. Ich habe ja versucht, in meinem Buch über die Sonne[4] das etwas deutlicher auszuführen und zu zeigen, was man davon hat, was man Neues gewinnt, wenn man sich mit dieser Vorstellungswelt der neueren Mathematik auseinandersetzt. Abkürzend darf ich es jetzt einmal so aussprechen: Wenn wir uns mit den Vorstellungen der Sonnenforschung beschäftigen, so haben wir ein Übungsfeld – ein noch im Irdischen, im Diesseitigen befindliches Feld, das uns ohne weiteres zugänglich ist – um Fähigkeiten zu erwerben, die uns zugute kommen, wenn wir uns zum Begreifen

4 Die Sonne – Gestirn und Gottheit, Verlag Urachhaus, Stuttgart 1972.

der jenseitigen Welt aufschwingen wollen. Und es ist ja nicht umsonst, daß die Region, in welche die Verstorbenen nach dem Tode eintreten, in den anthroposophischen Zusammenhängen unter anderem auch bezeichnet wird mit dem Ausdruck »die Sonnesphäre«. In die Sonnensphäre tritt die Seele in einem bestimmten Abschnitt ihres Weges nach dem Tode ein.

Wenn wir uns nun darauf besinnen, daß wir alle auch Verstorbene haben, deren Tod schon weiter zurückliegt, an die wir doch hin und wieder einmal denken, willentlich oder auch ganz plötzlich, unwillkürlich, dann kann uns klarwerden, auf welche Weise wir auch mit denen, die schon seit längerer Zeit in die andere Welt hineingegangen sind, in Zusammenhang stehen. Sehen Sie, da kann es etwa so sein:

Eine Mutter hat mit ihren Kindern Schwierigkeiten. Welche Mutter hätte das nicht zu irgendeiner Zeit! Man weiß nicht, wie man ihnen gerecht werden, wie man ihren Ansprüchen genügen kann, und man reagiert manchmal etwas ungehalten, ungeduldig, oder man ist ratlos, wie man ihnen begegnen soll. Und hinterher sagt man sich: Ach, ich habe es ganz falsch gemacht, aber ich weiß trotzdem nicht, wie ich es richtig hätte machen sollen; man ist oft verzweifelt. Da kann es sein, plötzlich, zu irgendeinem Zeitpunkt: Wieder kommt das Kind und will etwas Besonderes, und man bemerkt auf einmal – man reagiert anders. Man hat auf einmal die Geduld, die Güte, die Langmut oder den Einfall, der jetzt gerade richtig ist – und alles geht gut in diesem Augenblick. Indem man sich aber hinterher die Sache überlegt, sagt man sich auf einmal: Jetzt habe ich eigentlich so reagiert, wie meine Großmutter reagiert hätte; oder wie irgendein verehrter Mensch, der aber schon längst verstorben ist. Man bemerkt es unwillkürlich:

Jetzt habe ich so gehandelt, wie derjenige gehandelt hätte. Wenn man nur darauf achthat, so wird man solche Erlebnisse des öfteren haben. Man ist nur gemeinhin nicht aufmerksam genug auf derlei feine Andeutungen des Lebens, die einem so zugespielt werden – aber nur wie ein leises Winken, und dann ist es wieder weg. Wenn man es nicht bemerkt hat, ist es eben vergangen.

Man kann aber auch solche Dinge bewußt handhaben. Es kann zum Beispiel ein Lehrer Schwierigkeiten haben mit seiner Klasse, Disziplinschwierigkeiten, er kommt einfach nicht mit der Klasse zurecht. Und durch irgend etwas wird er in dieser Zeit darauf geführt, sich mit einem Verstorbenen, etwa mit einem eigenen Lehrer, den er früher gehabt hat, in Gedanken mehr zu befassen. Das Denken an diesen verehrten Menschen begleitet ihn über den Schulhof und bis in das Klassenzimmer hinein. Er ist noch umfangen von diesem Gefühl des Gedenkens und der Gemeinsamkeit, und so tritt er vor seine Schüler hin. Da merkt er auf einmal: die Situation ist verändert. Plötzlich geht etwas, was vorher absolut nicht mehr ging; die Klasse ist jetzt in der Lage, ihm etwas abzunehmen, worüber er sich vorher überhaupt nicht klar war, wie er es den Kindern nahebringen soll. So etwas gibt es. Und ich spreche zu Ihnen von diesen Dingen, damit Sie selber anfangen, sie in Ihrem Leben zu beobachten und zu handhaben.

Es kann auch sein, daß ein Forscher über einer schwierigen Aufgabe sitzt, und die Lösung des Problems will und will sich ihm nicht ergeben. Dann aber eines Tages, wenn er schon gar nicht mehr darauf hofft, ist mit einem Schlag die Lösung da. Und er sagt sich dabei: Ich habe sie eigentlich gar nicht gefunden; denn ich habe mich so lange darum bemüht und habe sie nicht erreichen können, sie ist mir nun geschenkt worden in einem Augenblick. Und möglicherweise, wenn er aufmerksam genug ist, taucht in diesem Augenblick gleichzeitig die Vorstellung oder das Erinnerungsbild eines verstorbenen Menschen auf, und er kann das Gefühl haben: Er hat mir die Lösung gebracht.

Es gibt auch in unserem täglichen Leben auf der Straße diesbezügliche Situationen. Wie oft ist man schon in der Gefahr gewesen, einen Verkehrsunfall zu verursachen. Dazu braucht man nicht selber am Steuer eines Fahrzeuges zu sitzen, man kann auch als Fußgänger sehr leicht zur Ursache eines Verkehrsunfalls werden. Wenn man an einem Abend zu Hause angekommen ist und im Bett liegt und sich den Tag noch einmal vor Augen führt, kann man soundso viele Gelegenheiten aufzählen, wo man sich klar ist, daß es gerade um Haaresbreite noch einmal gutgegangen ist. Da kann man sich sagen: Wir sind ja, mehr als wir wissen oder verantworten können, behütet. Auch wenn noch so viel passiert, der Möglichkeit nach hätte es noch viel mehr sein können. Es wird fortwährend ungeheuer viel verhütet. Sind da nicht ganz andere Kräfte oder Wesen am Werk als wir Menschen selbst, die mithelfen, daß wir so relativ anstandslos durch dieses Leben durchkommen? Überall auf Schritt und Tritt kann man das Hereinwirken von zarten Impulsen aus einer anderen Welt beobachten.

Aber man kann natürlich auch das Umgekehrte ins Auge fassen. Es ist jetzt nicht schwer, diesen Schritt zu tun, die entgegengesetzte Blickrichtung anzuwenden und zu bemerken: Das, was wir hier tun, wird spürbar sein in dem Reich dort drüben. Es ist ein Hin und Her des wechselseitigen Fühlens. Unsere Verstorbenen empfinden, wie wir irdischen Menschen uns zu ihnen verhalten. Ein moderner Dichter hat dies in etwas grotesker Art und Weise veranschaulicht in einem Hörspiel; es hat den seltsamen Titel »Ein Fünfmarkstück namens Müller«, der Autor heißt Karl Wittlinger. In diesem Stück wird geschildert, wie einer, der verstorben ist, sich in ein Fünfmarkstück verwandelt findet. Nun, das ist natürlich grotesk und ein Blödsinn, aber doch in dem Maße höherer Blödsinn, daß man etwas daraus lernen kann. Müller wird nämlich deswegen in das Fünfmarkstück verwandelt, weil jeder, so heißt es in diesem Spiel, nach dem Tode die Gestalt von dem annehmen muß, was er im Leben am allerliebsten gehabt hat. Es geht jetzt nicht darum, ob an diesem seltsamen Einfall etwas ist, sondern es kommt mir auf das weitere Schicksal dieses Fünfmarkstücks an. Natürlich ist es etwas Furchtbares, das können Sie sich vorstellen, wenn man als Mensch plötzlich in so eine schmale Metallscheibe hineingebannt ist und nun das erleiden und erdulden muß, was mit einem solchen Münzblech vorgenommen wird von den anderen Menschen. Man wandert von einem Portemonnaie ins andere und muß miterleben, wofür man ausgegeben wird. Begreiflicherweise möchte jeder, dem so etwas widerfährt, so schnell wie möglich dieser Höllenpein wieder entrinnen. Aber da gibt es ein Gesetz; das verkündet der Tod, der im Spiel auftritt. Der sagt dem »Müller«: Du kannst wieder herauskommen aus der Gestalt des Fünfmarkstücks unter einer Bedingung, wenn dich nämlich jemand in uneigennütziger Weise ausgibt. – Und dann – jetzt kann ich Ihnen nur empfehlen, den Text einmal selbst zu studieren – handelt das Stück im weiteren Verlauf davon, wie schwierig das ist, eine Situation zu finden, wo ein Fünfmarkstück wirklich in uneigennütziger Weise ausgegeben wird. Das gibt es praktisch überhaupt nicht.

Nun, das Stück geht gut aus ... Es kommt ganz am Schluß doch noch die Gelegenheit herbei, daß einer, von dem man es allerdings überhaupt nicht erwartet hätte – nämlich ein Strolch, ein echter Ganove –, das Geldstück tatsächlich, ohne einen Hintergedanken für sich selber dabei im Sinn zu haben, ausgibt – und damit ist »Müller« erlöst.

Ich will mit diesem etwas abstrusen Beispiel sagen: Sie werden leicht erfühlen, daß die Art und Weise, wie wir Menschen uns verhalten in unserem irdischen Leben, nicht ohne Bedeutung ist dafür, wie sich die mit uns Verbundenen drüben fühlen können.

Und sehen Sie, so geht das ineinander, das Leben der Verstorbenen, das von drüben hereinwirkt in unser Leben, und unser Verhalten, das sich hinüber auswirkt auf das Leben der Jenseitigen. Das verwebt sich ineinander, es schwingt hin und her, und durchdringt sich gegenseitig und ist eigentlich gar nichts Getrenntes und Verschiedenes, sondern etwas, was in einem großen rhythmisch-atmenden Weltendasein zusammengehört.

Das ist der geistige Anblick, der sich ergibt, indem wir uns mit dem inneren Blick nach *Süden* wenden, dahin, wo die Sonne steht in ihrer größten Helligkeit. Wenn wir mittags an einem hellen Tag nach Süden schauen, in der größten Mittagshitze, so nehmen wir wahr, wie in dem Flimmern der Luft gleichsam die Konturen verschwimmen, wie das Obere und Untere sich ineinanderwebt, wie gar keine Grenzen mehr zu erkennen sind, sondern eins ins andere übergeht.

*

Und jetzt bleibt uns noch übrig, den vierten Aspekt ins Auge zu fassen, nämlich die innere geistige Ausrichtung nach *Norden*. Norden ist diejenige Richtung, in der man die Sonne nicht unmittelbar sehen kann. Wenn sie im

Norden steht, dann ist sie für uns unter der Erde; wir sehen sie nur geistig, sozusagen durch die Erde hindurch. Wir sehen die Sonne durch die Erde....

Für unser Anliegen, das Leben der Verstorbenen zu beleuchten, ergibt sich in dieser Hinsicht eine Frage, auf die ich noch einzugehen habe in diesem letzten Abschnitt meiner Darstellung. Es könnte nämlich jemand von Ihnen sagen: Was du jetzt geschildert hast, das lief alles sehr stark auf das Subjektive hinaus, auf die Gefühle und Empfindungen und auf all das, was einen persönlich verbindet mit den Dahingegangenen. Gibt es nicht eine Möglichkeit, das zu verobjektivieren? Zunächst kann ich darauf antworten: Wie sollte es denn anders als auf das Subjektive ausgehen? Überall, wo es darum geht, etwas wahrzunehmen, da ist doch jeder einzelne ganz allein auf seine eigenen Sinnesorgane angewiesen. Er kann diese Sinnesorgane trainieren und empfindlich machen für neue Wahrnehmungen. Aber es kann nicht anders sein, als daß wir über diese Dinge so sprechen, daß jeder auf seine eigenen, subjektiven Fähigkeiten verwiesen wird. Dennoch bleibt die Frage offen: Gibt es die Möglichkeit, die Verbindung der Lebenden und der Toten auf eine objektive Basis zu stellen, die unabhängig von uns einzelnen Menschen eine Weltgültigkeit hat? Wie können wir das Verhältnis der beiden Welten in eine Sicherheit, in etwas Dauer-Gewährendes hineinbringen?

Diese Möglichkeit gibt es in der Tat. Wenn bisher davon die Rede war, daß wir einem Sterbenden durch die Letzte Ölung hilfreich sein können, daß wir dann durch den Bestattungskultus die Sterbetatsache in die soziale Umwelt richtig eingliedern können und in diesem Umgang mit den Verstorbenen unser eigenes Sein sich verwandeln fühlen, so muß ich jetzt zuletzt davon sprechen, daß wir die Möglichkeit haben, mit den Verstorbenen gemeinsam

Taten zu vollbringen. Wir halten für den Verstorbenen eine Menschenweihehandlung (einen Gottesdienst; im katholischen Sprachgebrauch würde man es eine Seelenmesse nennen). Ihm strömt die Kraft unseres Gebetes zu für sein Fortkommen in der anderen Welt. Und wir rufen ihn auf, in den geistigen Strom der Altarhandlungen einzutauchen, die sich immer wiederholen und Lebende mit Toten zu gemeinsamem Heilwirken verbinden.

Jeder echte christliche Gottesdienst gipfelt darin, daß das Abendmahl ausgeteilt wird. Das ist das Zentrum und Ziel des Vollbringens; in diesem Sinne ist es von Christus selbst eingesetzt worden. Es soll den suchenden Menschen jederzeit die Möglichkeit geben, mit der Kraft des Christus in Verbindung zu kommen. Wann immer sie sich danach sehnen, brauchen sie nur das zu tun, was er ihnen angegeben hat, nämlich das Mahl zu halten mit Brot und Wein.

Und jetzt lassen Sie einmal für einen Augenblick diese beiden Substanzen, Brot und Wein, zu sich sprechen, so wie wir dies vorher mit dem Weihrauch und dem Weihwasser angedeutet haben. Lassen Sie einfach Brot und Wein aussprechen, was sie über sich selber zu sagen haben.

Brot ist die Substanz, die hergestellt wird aus dem Getreide. Erinnern Sie sich daran, wie Sie im vergangenen Sommer ein Getreidefeld gesehen haben in der Reife. Dieser wunderbare Eindruck der golden stehenden Halme, an der Ähre oben mit den Grannen versehen, so daß sie eigentlich den Eindruck machen, als wären sie Pfeile, die abgeschossen worden sind von der Sonne her, Sonnenstrahlen, die pfeilartig heruntergekommen sind auf die Erde und nun, mit der Spitze im Ackerboden, noch leise vibrierend vom Flug, dastehen. Das Getreidefeld gibt

Ihnen in seiner Ganzheit den Eindruck, daß es sich bei diesem Pflanzenwesen um einen echten Sonnenabkömmling handelt. Reifes Getreide ist das Sonnenhafteste, was es auf Erden gibt. Aber es bildet dann in den Körnern wiederum etwas sehr Erdhaftes aus, etwas sehr Hartes und Festes, was man ja so unmittelbar gar nicht verzehren kann, was erst zubereitet werden muß, gemahlen oder eingeweicht, um vom menschlichen Organismus assimiliert werden zu können. Es muß also umgearbeitet werden durch eine ganze Reihe von Prozessen, zuletzt das Kneten des Teiges und das Formen der Laibe – die ja nicht umsonst »Laibe« heißen, weil sie etwas Leib-Ähnliches sind – und wird so am Ende zur bekömmlichen Brotsubstanz. Das Brot tragen wir dann zum Altar; wir schneiden aus diesem Brot eine runde Form aus, die Hostie, die emporgehoben wird. Wir können also sagen: Der Sonnenabkömmling ist durch alle möglichen Erdungsprozesse hindurchgegangen und wird nun wieder emporgehoben als etwas Reines, als eine sonnenhaft hell leuchtende Scheibe, als die feinst geläuterte Erdensubstanz, die wir jetzt dem Himmel, der anderen Welt, entgegenbringen können. Es ist ein Bild für unser eigenes Irdisches, das wir emporheben.

Ganz im Gegensatz dazu steht der Wein. Wein ist seiner Natur nach ein Erdabkömmling. Denken Sie doch, so ein Weinstock sieht eigentlich aus wie eine Wurzel, die aus Versehen über die Erde geraten ist. Er hat auch aus sich heraus überhaupt nicht die Kraft, sich zu erheben. Wir wissen, was die Winzer alles anstellen, was für sinnreiche Gerüste oder Drahtverspannungen sie anbringen, um den Wein sich aufranken zu lassen. Der Weinstock, der nun so aufwächst an einer Haltevorrichtung, hat aber die innere Fähigkeit, das Wasser, das er durch die Wurzel aufsaugt, in den Beeren der Sonne entgegen-

zutragen, wie in Gefäßen. Und so setzt er es das Sommerhalbjahr über der wärmenden, reifenden Kraft der Sonne aus, bis die ganze Sonnengüte des Jahres hineingezogen ist und sich in diesem Pflanzensaft realisiert hat als Süßigkeit, als die echte warme Süßigkeit des Traubensaftes. Diesen Traubensaft verwenden wir am Altar. Dabei wird er in einen Kelch gegossen, und er hat, wie jede Flüssigkeit, die wunderbare Eigenschaft, daß er die Schale, die man ihm anbietet, ausfüllt. Es ist dies eine Eigenart, welche der des Brotes, als eines festen Körpers, entgegengesetzt ist. Brot hat eine Eigenform; Wein schmiegt sich in die Hohlform ein, ganz gleich, wie sie gebildet ist. Das ist eine sehr eigentümliche Fähigkeit des Flüssigen, der nachzusinnen sich lohnt. Es lebt ohne Eigenform, so daß es sich ganz und gar in das ihm angebotene Gefäß einschmiegen und es nachbilden kann.
Wir haben hier also genau das Umgekehrte wie beim Brot: Der Erdenabkömmling erhebt sich, setzt sich der Sonne aus, nimmt die ganze Süßigkeit des oberen Kosmischen in sich auf und kommt uns dann als Flüssigkeit, als Getränk entgegen, gleichsam wie eine Gabe von drüben, die sich schenkt.

Das Brot heben wir irdisch empor, bieten es gleichsam hinüber, während wir den Wein sonnenhaft herüberempfangen. Hier sehen wir die Sonne im Totenreich und im Reich des Irdischen zu gleicher Zeit. Sie erscheint uns als eine Verklärungsmacht, welche Irdisches und Überirdisches zur Einheit verschmelzen kann. Dadurch aber wird etwas Dauerhaftes im Weltprozeß begründet, das von unseren eigenen Gefühlen und Empfindungen unabhängig dasteht, einfach als objektive Tatsache. Im Abendmahl steht vor unseren Augen das Sich-Vereinigen der beiden Welthälften, der hiesigen Welt und der anderen Welt, der verkörperten Menschen mit den entkörperten. Die geistige Welt ist für uns gegenwärtig, so wie unser eigenes Vollbringen hineinragt in das jenseitige Reich. Lebende und Tote handeln gemeinsam im heiligen Geschehen am Altar. Wir sehen die Sonne durch die Substanz der Erde ...

Haben wir dies einmal stark erfahren, so wird die Sehnsucht geweckt, das Erlebnis immer zu wiederholen, als Siegel und Gewähr für die bleibende Gemeinschaft von Menschenseelen hüben und drüben. Die Kommunion von Erdenmenschen und Verstorbenen möchten wir nicht mehr missen. Deshalb suchen wir sie von Sonntag zu Sonntag, oder auch von Tag zu Tag, neu zu vergegenwärtigen in jeder Menschenweihehandlung. Man kann sagen: Durch dieses Tun wird die Erde, unser Schicksalsplanet, allmählich transparent für sonnenhaftes Leuchten aus dem Reich des Geistes.

*

In vier Abschnitten habe ich Ihnen heute Einblicke gegeben in die »andere Welt« und das Leben der Verstorbenen. Nach vier wesentlichen Richtungen hin haben wir Fenster aufgetan in diese geistige Landschaft, so wie sie uns heute praktisch erreichbar ist. Mit dem inneren Blick nach *Osten* sahen wir, daß es eine Fülle von Offenbarungen gibt über die andere Welt. Mit dem inneren Blick nach *Westen* besannen wir uns, worauf es ankommt, wenn das Sterben dem Menschen zum Gewinn werden soll. Mit dem inneren Blick nach *Süden* wurde uns klar, wie wir selbst uns verwandeln und durch die Kraft des Kultus eine innere Spürfähigkeit ausbilden können für das Sich-Verweben der beiden Welten. Mit dem inneren Blick nach *Norden* schließlich wurde angedeutet, wie dieses Zusammenschwingen der scheinbar getrennten Welthälften sich verobjektiviert in dem Abendmahl, das wir als eine immerwährende Übung mit unseren Verstorbenen zusammen feiern können.

Habe ich nun vielleicht im Laufe dieser Betrachtung Dinge gesagt, die dem einen oder anderen von Ihnen schwer verständlich waren, oder mit denen er noch keineswegs zurechtkommt, so macht das nichts. Ich gebe Ihnen die vorgetragenen Gedanken frei mit auf den Weg. Jeder kann damit machen, was er will. Man kann sie eine Zeitlang mit sich herumtragen, bedenken und vielleicht am besten beschweigen. Dann mögen sie nach einiger Zeit Früchte tragen. Am Schluß sollen deshalb die Gedichtzeilen von Ina Seidel stehen:

»Mit Toten ist gut schweigen –
Sie sind –
Wie niemand sonst dir eigen.«

RUDOLF MEYER

Vom Sinn des Todes

und von der Gemeinschaft mit den Toten

6. Auflage, 56 Seiten, kartoniert

RUDOLF MEYER

Vom Schicksal der Toten

8. Auflage, 176 Seiten, kartoniert

BARBARA NORDMEYER

Fragen an das Schicksal

3. Auflage, 112 Seiten, kartoniert

ALFRED SCHÜTZE

Vom Sinn des Schicksals

7. Auflage, 100 Seiten, kartoniert

ROBERT GOEBEL

Schicksalsbegegnung und Todesüberwindung

4. Auflage, 64 Seiten, kartoniert

ROBERT GOEBEL

Vom Sprechen und vom Schweigen

88 Seiten, kartoniert

ROBERT GOEBEL

Vom Schmerz und von der Krankheit

2. Auflage, 84 Seiten, kartoniert

RUDOLF FRIELING

Vom Wesen des Christentums

3. Auflage, 48 Seiten, kartoniert

VERLAG URACHHAUS STUTTGART

VORTRÄGE

Eine Schriftenreihe mit Vorträgen, die, im Rahmen der Christengemeinschaft gehalten, Themen von allgemeinem Interesse im Lichte spiritueller Welterfahrung behandeln.

VERLAG URACHHAUS STUTTGART